LETTRE

A UN AMI

A LA MÉMOIRE
DE L'ABBÉ
HENRI MULLET

LETTRE A UN AMI

BOURG
IMPRIMERIE VILLEFRANCHE

1879

> *Consummatus in brevi,*
> *explevit tempora multa.*
> Consommé en peu de temps,
> il a accompli une longue carrière.
> (SAGESSE, IV, 13)

MON BIEN CHER AMI,

Bien des fois il m'est venu en pensée de consigner par écrit tout ce que mon souvenir me rappellerait d'une vie, hélas! prématurément éteinte. Ce deuil, qui date d'un an, a fait à mon âme une profonde blessure. J'ai voulu donner un adoucissement à ma douleur : ce que j'avais projeté, je viens de le mettre à exécution, et vous envoie mon travail, bien sûr de vous être agréable, en vous faisant pénétrer plus avant dans le sanctuaire même d'un cœur de prêtre que déjà vous avez pu apprécier. Pour que le portrait fût ressemblant, je me suis attaché à l'exactitude et à la sincérité du récit : les paroles que je répète, je les ai entendues, ou je les tiens de ceux-là mêmes qui les ont retenues ; les faits que je rapporte, ou j'en ai été le témoin, ou ils me viennent de source certaine ; et mes appréciations personnelles sont le fruit d'une étroite amitié avec celui dont il m'est si doux d'esquisser ici quelques traits.

L'abbé Henri Mullet, c'est le nom du saint prêtre dont je veux vous entretenir, appartient à une honorable famille d'Ambérieu-en-Bugey. Ses parents, solidement chrétiens, formèrent sa jeune âme au bien, avec toute la sollicitude qu'inspirent le sentiment du devoir et une tendre affection. La vertu se montra à lui sous l'attrayante figure d'un père, d'une mère, d'un oncle qui n'interrompaient la tâche de chaque jour que pour joindre les mains et faire monter vers le ciel les pieux accents de la prière chrétienne. Ainsi préparé, son cœur s'ouvrit de bonne heure aux inspirations de la grâce. Comme un autre Samuel, il entendit l'appel du Seigneur dans le secret de son âme : dès lors un irrésistible mouvement le poussa vers le sanctuaire. Ses parents, en chrétiens éclairés, encourageaient sa vocation naissante ; l'abbé Mullet se mit à l'étude avec autant d'ardeur que d'attrait, et ses condisciples de Meximieux se souviennent de ses succès non moins que de ses vertus.

Déjà allait commencer pour lui cette série d'épreuves qui sont comme le sceau divin de toute vie chrétienne. Une longue maladie, jointe à un deuil de famille, l'obligea d'interrompre le cours de ses études. Cette double épreuve parut un instant mettre un obstacle invincible à sa vocation : le mal le laissait faible et languissant; par la mort de son frère, il devenait le seul représentant comme l'unique soutien de la famille. Tout le conviait à se fixer dans une vie honorée et facile, que lui assuraient la fortune, l'intelligence et la noblesse du cœur. Mais Dieu l'appelait à une destinée plus utile. « Il était « facile de voir, écrit un de ses amis, qu'il « ne resterait pas dans le monde ; sa voca- « tion, on le sentait pour peu qu'on fût en « rapport avec lui, n'avait fait que s'affermir « dans l'épreuve. Son cœur se dilatait à la « seule pensée que ses forces rétablies lui « permettraient bientôt de reprendre son « travail forcément interrompu. » C'est dans ces circonstances que s'achevèrent ses études. « Il serait difficile, ajoute mon corres- « pondant de peindre son bonheur, lorsqu'il

« put enfin franchir le seuil du Grand-
« Séminaire. » Il entrait dans son élément,
et, semblable à la fleur qui a trouvé le
milieu qui lui convient, il était à l'aise et
s'épanouissait dans cette atmosphère de
piété, de recueillement et de travail. Il
renonçait sans regret aux avantages d'une
honorable position, pour se vouer au service
des autels, où l'appelaient sa foi et ses vœux
les plus ardents. Le sacerdoce lui apparais-
sait comme un noble privilège, une sublime
distinction dont il se croyait indigne ; il
l'acceptait avec amour sous l'impulsion d'un
irrésistible appel. Sa consécration à Dieu
était d'autant plus méritoire qu'elle était
pure de tout intérêt, dégagée de toute vue
humaine : procurer la gloire de Dieu en
travaillant au salut des âmes et à sa propre
sanctification, c'était toute son ambition.
Aussi promit-il au Seigneur une fidélité sans
réserve, et nous sommes témoins qu'il ne
perdit jamais la ferveur de ses années
de Grand-Séminaire. Ordonné prêtre par
Mgr de Langalerie en 1865, il est encore douze
ans plus tard curé à Vancia, ce qu'il fut au
premier jour de son sacerdoce, toujours
pieux et humble, toujours régulier et fidèle
au moindre de ses devoirs.

Parmi les dons qui embellissent l'âme du bon prêtre, il en est un qui attire plus particulièrement les cœurs et fait sur eux les plus salutaires impressions : c'est la piété. L'abbé Mullet le possédait à un haut degré ; c'était comme le trait caractéristique de sa vie ; c'est ce qui en a fait tout à la fois l'honneur et l'utilité. « Un prêtre, disait-il, pour « demeurer fidèle à sa mission, doit suivre « la règle du Grand-Séminaire. » Ce n'était pas assez pour lui ; il s'était tracé un règlement plus sévère et mieux en rapport avec ses goûts pour la vie contemplative. Non content de la demi-heure d'oraison que fait tout prêtre pieux, il passait chaque jour de longues heures aux pieds du Saint-Sacrement, méditant, priant, traitant avec le Maître des intérêts spirituels de ses paroissiens. C'est là qu'il songeait à leurs âmes, aux moyens d'établir en elles le règne de Dieu : aussi ses instructions du dimanche portaient leur fruit. Il vivait en la présence de Dieu, il était partout recueilli, en voyage comme en visite chez ses confrères. Toute église était pour lui le lieu du repos ; il ne manquait jamais d'y rendre ses adorations à Notre-Seigneur Jésus-Christ. « Un ami, « disait un saint, ne passe jamais devant la

« porte de son ami, sans lui dire au moins
« une parole. » De retour au presbytère, il
faisait pieusement le chemin de la croix.
Comme l'enfant bien né, il pensait souvent
à sa mère : on le voyait rarement sans son
chapelet à la main ; il y consacrait ses
moments libres, une visite, une course
auprès d'un malade. Ainsi il s'était fait une
loi de la piété chrétienne, vivant constamment en union de pensées, de sentiments
et d'affections avec Notre-Seigneur Jésus-Christ.

Après cela il me semble inutile de vous
dire ses élans d'amour au saint sacrifice de
la messe, sa tendre dévotion dans la récitation de l'office divin, sa pieuse gravité dans
l'administration des sacrements. Longtemps
il eut à lutter contre un ennemi implacable
dont il était souvent l'innocente victime :
les distractions furent pour lui une dure
épreuve. Il en souffrait ; il s'en humiliait devant Dieu. A la fin ses efforts furent couronnés de succès ; sa persévérance en
triompha.

Cette piété, qui ne se démentit jamais,
porta des fruits abondants pour lui-même et
pour les autres. Il posséda bientôt cette
science, la plus sublime de toutes, qui

consiste à conduire les âmes à Dieu. Il savait les relever, les maintenir, les pousser dans les voies de la perfection. La pénétration de son esprit lui faisait promptement saisir le coté pratique de la doctrine sacrée. Ses exhortations étaient pleines de lumière et de force ; sa parole, vivifiée par la foi, était touchante d'onction. Heureux quand il rencontrait une de ces âmes d'élite, qui entendent et goûtent le langage de la vraie piété ! Alors il s'animait, il prodiguait ses enseignements ; ses vues soudaines et élevées captivaient l'intelligence et ravissaient le cœur.

Sa profonde piété est tout le secret de cette suavité d'âme qui se reflétait dans tous ses traits. Peut-on oublier son air doux et souriant, son attitude grave et modeste, qui s'alliait si bien avec la bonté de son cœur. Comme les saints, il laisse après lui un parfum de vertu, un souvenir tout embaumé d'innocence. Aussi tous ceux qui l'ont connu, sont unanimes à dire : « C'était un saint prêtre. » On le dit à Meximieux, à Saint-Marcel, à Vancia, où il exerça successivement le ministère paroissial. Après cet éloge, qui est celui du peuple, tout est dit, ou du moins on est bien à l'aise pour le louer, sans crainte de dépasser les bornes de la vérité.

Voilà le prêtre ; je veux vous faire connaître le pasteur. L'abbé Mullet aimait sa paroisse, il en parlait avec bonheur : « Sa « paroisse disait-il, était sa petite Bethléem. » *Nequaquam minima es in principibus Juda* [1]. Il y comptait de bonnes âmes, de bonnes intentions, des vertus, des efforts, un progrès dans le bien ; il espérait. Il y trouvait à la vérité de pauvres pécheurs, mais il priait pour eux, il les aimait à l'exemple du divin Maître. La seule pré- « sence du prêtre dans une paroisse, disait- « il souvent, empêche beaucoup de mal. » Bien que porté par attrait vers la solitude, où l'entraînait encore son amour du recueillement, il ne négligea point les œuvres de zèle. On connaît son activité, son ardeur pour le ministère extérieur. Il aimait à embellir son humble église, s'appliquait à mettre de l'éclat dans les cérémonies du culte les jours de fête, avait à cœur l'établissement et le maintien des associations pieuses, qui sont la vie d'une paroisse. Il se faisait une double obligation de visiter ses paroissiens, les accueillait au presbytère,

---

[1] S. Math. II. 6.

encourageant les uns par d'affectueuses paroles, donnant aux autres les conseils ou les secours que réclamaient les besoins de leur situation. Les âmes avaient une large part dans ses pieuses munificences; il fit donner à ses frais un jubilé et une mission à la paroisse de Saint-Marcel. Son zèle ne se bornait pas à la prière, il allait à l'action; sa foi était agissante. Simple et frugal pour lui-même, il s'ingéniait à grossir ses économies pour donner davantage aux pauvres, aux œuvres diocésaines, aux communautés religieuses, et celles-ci lui donnaient en retour leurs supplications pour obtenir les grâces qu'il demandait à Dieu, comme le retour d'une âme endurcie dans le mal, la cessation d'un désordre paroissial, ou le succès d'une pieuse entreprise. C'est ainsi qu'il déployait toutes les ressources de son zèle, sans jamais s'effrayer des obstacles, ni se laisser abattre par l'insuccès.

L'existence de l'humble curé de campagne porte le caractère du vrai mérite: elle n'a rien de l'éclat qui frappe les regards et soutient le courage par l'attention qu'elle éveille; c'est un dévouement ignoré de tous, connu de Dieu seul. Rester constamment l'homme du devoir et de la règle, s'attacher à une petite paroisse perdue au milieu des étangs ou des montagnes, reprendre chaque jour une tâche obscure devant les hommes, puiser dans le sacrifice de la veille la force d'accomplir celui du lendemain, rattacher une bonne œuvre à une autre, comme les anneaux d'une chaîne, dont chacun se relie à celui qui le précède et soutient celui qui le suit, travailler, s'immoler, se consumer sans autre désir que celui de sauver les âmes, sans autre perspective que la vue encore lointaine de la récompense réservée au bon serviteur, n'est-ce pas là ce qui constitue le vrai mérite ? Ainsi l'avait envisagé et compris l'abbé Mullet. Il se plaisait dans sa paroisse, ne cherchant qu'à se faire oublier. Si parfois quelque désir se faisait jour dans son esprit, c'était pour envier le sort de ceux qu'une situation plus humble obligeait à plus de sacrifices et d'abnégation.

Son habileté dans les affaires ajoutait encore à son mérite. Grâce à ce talent, il a marqué son passage dans les différents postes qu'il a occupés par d'utiles créations. La ville de Collonges lui doit l'établissement d'une salle d'asile. Il eut bientôt réuni à Saint-Marcel, dont il fut le premier pasteur, les ressources suffisantes pour meubler l'église et terminer le presbytère. Toutes ses entreprises ont été réglées par la prudence et ses œuvres marquées au coin de la charité.

Mais, redisons-le, il laisse surtout après lui, un édifice tout spirituel de foi et de piété, édifice encore debout dans le cœur de ceux qu'il a formés et instruits. Que ne sais-je, en retraçant ces lignes, en mieux faire ressortir les belles proportions !

Un dernier coup d'œil jeté autour de lui achèvera de le faire connaître. Chéri de sa famille, dont il faisait la joie et la consolation, estimé de ses maîtres, aimé de ses condisciples, il porta, au milieu du troupeau qui lui fut confié, cet ensemble de vertus et de qualités qui le feront vivre à jamais dans le souvenir de ceux qui l'ont connu. Aussi quelle touchante vénération eurent pour ce jeune prêtre les différentes paroisses où il exerça le saint ministère ! Et maintenant qu'il n'est plus, quels accents unanimes de louanges et de regrets s'échappent de tous les cœurs ! Les indifférents eux-mêmes n'en parlent qu'avec respect. Mais ceux qui en conservent le plus doux souvenir sont dans le ciel où il est allé les rejoindre. Si nous ne pouvons les interroger, nous savons du moins de quelle tendre sollicitude il entoura leurs derniers instants. Comme il savait bien les préparer à ce terrible passage du temps à l'éternité! Les malades aimaient ses visites et ses pieux entretiens; ils se sentaient raffermis dans leur espérance et fortifiés contre les craintes de la mort. A mesure qu'approchait ce moment redoutable, son zèle devenait plus actif, ses soins plus empressés. Un sentiment de piété filiale, mêlé d'une vive reconnaissance me fait un devoir de retracer ici ce dont j'ai été le témoin attendri.

Un jour, visitant une famille chrétienne où l'appelaient tantôt son ministère, tantôt des relations de voisinage et d'estime réciproque, l'abbé Mullet la trouva plongée dans la tristesse. Quel fâcheux accident était survenu? La respectable mère était malade; elle ressentait les premières atteintes d'un mal incurable. Cette femme à la foi vive et éclairée ne chercha point à se faire illusion. Comprenant toute la gravité du mal, elle voulut le jour même entretenir le prêtre, dont la piété lui était bien connue. Sublimes entretiens de la mort!... Pouvoir merveilleux, céleste puissance de la parole de Dieu en face de l'Eternité!... Qui dira jamais les douces consolations que tu apportes à l'âme chrétienne! La mère de famille avait fait le sacrifice de sa vie, elle connaissait maintenant la volonté de Dieu, elle l'acceptait non-seulement avec résignation, mais avec joie et amour. Et le calme, et la sérénité d'âme de ce premier instant fut pour elle comme un festin continuel durant tout le cours de la maladie. Dès lors l'abbé Mullet ne songea plus qu'à préparer les enfants à une séparation aussi douloureuse qu'inévitable. « La maladie de votre mère, « leur dit-il avec cet accent de la foi qui « saisit l'âme et la pénètre tout entière, « vous manifeste clairement les desseins de « Dieu. Votre digne mère a rempli sa tâche « sur la terre; sa nombreuse famille ne ré- « clame plus ses soins. Dieu lui avait ac- « cordé quelques années de repos pour « achever l'œuvre de sa sanctification; « maintenant il la rappelle à lui pour lui « donner le lieu de la lumière et de la paix. » Et ces paroles, pleines d'onction, furent un oracle pour les enfants. Et les enfants, animés de la même foi que la mère, se consolèrent du départ de celle qu'ils reverront un jour.

Cependant la maladie fut longue; le pieux

directeur revenait fréquemment voir la mère sur son lit de souffrances. Il n'était plus question de la terre; les paroles, les aspirations étaient du Ciel. Ses saintes exhortations faisaient oublier le mal. « Que je « suis heureuse! disait-elle souvent. Que « Dieu est bon de m'avoir accordé un saint « pour me préparer à la mort! » Mais les forces de la malade s'affaiblissaient sensiblement. La vie allait s'éteindre, déjà tout semblait fini. Son directeur, qui était venu la visiter, voulut une dernière fois lui suggérer quelques pieuses pensées. Aux accents de cette voix bénie, elle parut sortir d'un profond assoupissement; un air de joie céleste rayonna sur son visage; ses mains se joignirent en signe de résignation, et elle rendit son âme à son Dieu. O moment d'indicibles émotions! Il y a là des souvenirs qui resteront à jamais gravés dans plus d'un cœur reconnaissant.

Prêtre vénéré, c'est le même devoir de piété filiale, que tu devais rendre à un père chéri, à une mère tendrement aimée; ils attendaient de toi cette consolation suprême! Si ta mort leur enlève cet adoucissement de la séparation; ils ont du moins la ferme espérance de te retrouver au-delà de la tombe, dans l'éternelle possession d'un bonheur inaltérable. Tu laisses une sœur vertueuse qui consolera leur douleur en affermissant dans leur âme cette douce croyance du chrétien.

Voilà, mon bien cher ami, comment ce digne prêtre travaillait au salut des âmes. Son zèle était infatigable, sa charité sans bornes. Ses paroles respiraient la vivacité de sa foi par la lumière et l'onction qu'elles en recevaient. On venait à lui pour s'édifier, on y venait aussi pour retrouver la paix du cœur et se convertir.

Laissez-moi vous citer, comme preuve, le fait suivant de son fécond ministère.

Il y a plusieurs années, une famille inconnue fit soudainement son apparition dans la paroisse où il exerçait le saint ministère. L'air distingué, la figure intelligente du chef de la colonie contrastaient quelque peu avec son apparente situation. On remarquait sur son visage une sorte de tristesse mal dissimulée et un embarras manifeste. Existence mystérieuse, malheureuse, peut-être ! L'abbé Mullet en fut frappé. Les circonstances s'y prêtant, des relations ne tardèrent pas à se former avec l'étranger ; bientôt les rapports furent fréquents. Les entretiens devenaient chaque jour plus intimes. Enfin ne pouvant plus résister à la grâce qui le pressait : « Moi aussi, je suis prêtre, » s'écria tout à coup l'inconnu, et il se jetait dans les bras du jeune apôtre dont la piété et les discours avaient ranimé sa foi. Sa confiance ne fut point trompée ; il avait trouvé l'ami dévoué, l'ange conducteur dont il avait besoin. Il lui fit la confidence des secrets de son âme, et l'abbé Mullet eut la douce consolation de rendre à Dieu un malheureux prêtre, que de funestes égarements tenaient depuis plus de dix ans éloigné de tout devoir.

Nous pouvons bien dire maintenant que l'avenir réservait une ample moisson à celui qui voyait, dans le passé, ses efforts couronnés de tant de succès. Mais Dieu ne l'a pas voulu : adorons ses desseins impénétrables. Une fin prématurée est venue anéantir de si belles espérances.

Il avait à peine 40 ans. Une décision de M⁣ʳ l'Evêque l'avait appelé au poste de Vancia, où déjà se faisait sentir l'ardeur de son zèle et de sa charité. Mais voilà que ses forces le trahissent ; sa santé, autrefois solide, est gravement atteinte. La douleur, cachée au fond de son âme, le mine peu à peu ; ses traits s'altèrent comme une fleur qui se fane. « Je ne resterai pas longtemps « à Vancia, dit-il un jour à l'un de ses con- « frères ; j'y resterai moins longtemps que « vous ne pensez. » Quinze jours après cette parole prophétique, il quittait ses paroissiens pour ne plus les revoir, il se rendait à Ambérieu, dans sa famille ; il venait mourir dans la maison qui avait été le témoin des vertus de son enfance, sous les regards d'un vieux père, d'une mère et d'une sœur tendrement chéris, qui recevront, avec son dernier soupir, le dernier gage de son affection, sa dernière bénédiction de prêtre ; sous l'œil attentif et vigilant de son vénérable curé et d'un autre prêtre, ami intime et dévoué, qui seront la consolation du mourant et le soutien de ceux qui lui survivront.

Cependant la maladie empirait de jour en jour ; le malade perd tout à coup connaissance. On ne doute plus d'une fin rapide et prochaine. Cruelle séparation ! Que de larmes répandues ! Que de prières surtout montent vers le ciel !..... On épie un moment de lucidité pour lui donner les derniers sacrements. Serait-il privé des consolations suprêmes de la religion ce prêtre qui entourait de tant sollicitude le chevet des malades? Dieu ne le permit pas. Après plusieurs jours d'une fièvre violente, le malade reprit ses sens. Il reçut pieusement le Saint-Viatique et l'Extrême-Onction, répondant avec pleine connaissance aux questions qui lui étaient posées. Les dernières paroles qu'il prononça renferment une leçon pour tous : « On fait bien, « dit-il, de ne pas attendre la dernière ma-« ladie pour se préparer à la mort. » Et il alla recevoir la couronne due à ses vertus et à ses travaux : « *Et quidem ille ad præmia desiderata pervenit* [1]. »

Il rendit son âme à Dieu le 20 septembre 1878. La cérémonie des funérailles eut lieu dans l'église d'Ambérieu, relevée par une assistance de 42 prêtres et au milieu d'un grand concours de fidèles. Les sentiments de douleur et de regrets, causés par la perte de ce vénéré prêtre, furent vivement exprimés par M. le curé de Montluel; sa parole émue fit écho dans tous les cœurs.

Puissent ces lignes, tracées par une main amie, comme adoucissement à sa peine, apporter aussi quelque consolation à la douleur de ceux qui pleurent encore ce fils

---

[1] St Grég. pap. Epist. XVII, etc.

chéri, ce frère bien-aimé. Son regard s'abaisse sur eux avec tendresse. En nous précédant dans l'Eternité, bien qu'il ne fût encore qu'au milieu de sa carrière, il nous laisse le souvenir de ses exemples et la bonne odeur de ses vertus. Nous voudrions mourir, après avoir vécu comme lui.

www.ingramcontent.com/pod-product-compliance
Lightning Source LLC
Chambersburg PA
CBHW060928050426
42453CB00010B/1890